Conseil Suprême
de la Mutualité

• • Session d'Avril 1905 • •

Modifications

proposées

à la Loi du 1ᵉʳ Avril 1898

SUR LES

SOCIÉTÉS DE SECOURS MUTUELS

Texte complet

DE LA LOI

En supposant ces modifications adoptées.

Prix : 0 fr. 55

ÉDITÉ PAR

L'Avenir de la Mutualité

Rue Saint-Christoly, 10, Bordeaux

CONSEIL SUPÉRIEUR
DE LA MUTUALITÉ

Session d'Avril 1905

Modifications
proposées
à la Loi du 1er Avril 1898

SUR LES

SOCIÉTÉS DE SECOURS MUTUELS

Texte complet
DE LA LOI

En supposant ces modifications adoptées.

ÉDITÉ PAR

L'Avenir de la Mutualité

Rue Saint-Christoly, 10, BORDEAUX

CONSEIL SUPÉRIEUR DE LA MUTUALITÉ

Session d'Avril 1905

MODIFICATIONS

PROPOSÉES

A la Loi du 1er Avril 1898

SUR LES SOCIÉTÉS DE SECOURS MUTUELS

TEXTE COMPLET DE LA LOI

(En supposant ces modifications adoptées)

TITRE PREMIER

Dispositions communes à toutes les Sociétés.

ARTICLE PREMIER. — *Les Sociétés de secours mutuels sont des Associations de prévoyance qui se proposent d'atteindre un ou plusieurs des buts suivants : assurer à leurs membres participants et à leur famille des secours en cas de maladie, blessures ou infirmités, leur constituer des pensions de retraites, faire ou contracter à leur profit des assurances individuelles ou contracter des assurances collectives en cas de vie, de décès ou d'accidents, pourvoir aux frais des funérailles et allouer des secours aux ascendants, aux veufs, veuves ou orphelins des membres participants décédés.*

**

Elles peuvent, en outre, accessoirement, créer, au profit de leurs membres, des caisses de prêts gratuits, des cours professionnels, des offices gratuits de placement, et accorder des allocations en cas de chômage involontaire, à la condition qu'il soit pourvu à ces quatre ordres de dépenses au moyen de cotisations ou de recettes spéciales.

Art. 2. — *Ne sont pas considérées comme Sociétés de secours mutuels les Associations qui, tout en organisant, sous un titre quelconque, tout ou partie des services prévus à l'article précédent, créent, au profit de telle ou telle catégorie de leurs membres et au détriment des autres, des avantages particuliers. Les Sociétés de secours mutuels sont tenues de garantir à tous leurs membres participants les mêmes avantages, sans autre distinction que celle qui résulte des cotisations fournies et des risques apportés.*

Art. 3. — *Les Sociétés de secours mutuels peuvent se composer de membres participants et de membres honoraires ; les membres honoraires paient la cotisation fixée ou font des dons à l'Association, sans prendre part aux bénéfices attribués aux membres participants ; mais les statuts peuvent contenir des dispositions spéciales pour faciliter leur admission au titre de membres participants, à la suite de revers de fortune.*

Les femmes peuvent faire partie des Sociétés et en créer : les femmes mariées exercent ce droit sans l'assistance de leur mari ; les mineurs peuvent faire partie de ces Sociétés sans l'intervention de leur représentant légal.

L'administration des Sociétés de secours mutuels ne peut être confiée qu'à des Français majeurs, de l'un ou l'autre sexe, non déchus de leurs droits civils ou civiques, sous réserve, pour les femmes mariées, des autorisations de droit commun.

Les Sociétés de secours mutuels composées en majorité d'étrangers ne peuvent exister qu'en vertu d'un arrêté ministériel, toujours révocable.

Les membres du Conseil d'administration et du Bureau des Sociétés de secours mutuels sont nommés par le **vote au bulletin secret**.

Les administrateurs ne peuvent être choisis que parmi les membres participants et honoraires de la Société. Leurs fonctions sont essentiellement gratuites.

Il est interdit à une Société de secours mutuels de confier sa gestion à une autre Société.

ART. 4. — *Un mois avant le fonctionnement d'une Société de secours mutuels, ses fondateurs doivent déposer en quadruple exemplaire : 1° les statuts de la dite Association ; 2° la liste des noms et adresses de toutes les personnes qui, sous un titre quelconque, seront chargées, à l'origine, de l'administration.*

Le dépôt a lieu, contre récépissé, à la sous-préfecture de l'arrondissement où la Société a son siège social, ou à la préfecture du département.

Le maire de la commune en est informé immédiatement par les soins du préfet ou du sous-préfet.

Un extrait des statuts est inséré dans le recueil des actes de la préfecture.

Tout changement dans les statuts ou dans l'administration est notifié et publié selon les formes indiquées ci-dessus.

ART. 5. — *Les statuts déterminent :*

1° Le siège social, qui ne peut être situé ailleurs qu'en territoire français ;

2° Les conditions et les modes d'admission et d'exclusion, tant des membres participants que des membres honoraires ;

3° La composition du Bureau et du Conseil d'administration, le mode d'élection de leurs membres, la nature et la durée de leurs pouvoirs ; les conditions du vote à l'Assemblée générale et du droit pour les sociétaires de s'y faire représenter ;

4° Les obligations et les avantages des membres participants ; ces obligations ne doivent avoir aucun caractère politique ou religieux ;

5° Le chiffre minimum et l'emploi des cotisations des membres, soit honoraires, soit participants, les modes de placement et de retrait des fonds ;

6° Les conditions de la dissolution volontaire de la Société ;

7° *Les bases de la liquidation à intervenir si la dissolution a lieu ;*

8° *Le mode de conservation des documents intéressant la Société ;*

9° *Le mode de constitution des retraites pour lesquelles il n'a pas été pris d'engagement ferme et dont l'importance est subordonnée aux ressources de la Société ;*

10° *La quotité et les conditions de l'entrée en jouissance des pensions s'il est créé des retraites garanties.*

Lorsque, conformément à cette dernière clause, les cotisations des membres participants doivent être affectées, pour partie, à la constitution de retraites garanties, les statuts fixent les prélèvements à opérer sur ces cotisations pour le service spécial des retraites.

Art. 6. — *Lorsque l'Assemblée générale est convoquée, les pouvoirs dont les sociétaires sont porteurs, si les statuts autorisent le vote par procuration, peuvent être donnés sous seing privé et sont affranchis de tous droits de timbre et d'enregistrement ; ils sont déposés au siège social.*

Les contestations sur la validité des opérations électorales sont portées, dans le délai de quinze jours à dater de l'élection, devant le juge de paix du siège de la Société. Elles sont introduites par simple déclaration dont il est donné reçu par le greffier et, au besoin, par lettre recommandée.

Le juge de paix statue, dans les quinze jours de cette déclaration, sans frais ni forme de procédure et sur simple avertissement donné trois jours à l'avance à toutes les parties intéressées.

La décision du juge de paix est en dernier ressort, mais elle peut être déférée à la Cour de cassation. Le pourvoi n'est recevable que s'il est formé dans les dix jours de la notification de la décision. Il est formé par simple requête déposée au greffe de la Justice de paix, et dénoncée aux défendeurs dans les quinze jours qui suivent. Il est dispensé du ministère d'un avocat à la Cour et jugé d'urgence sans frais ni amende.

Les pièces et mémoires fournis par les parties sont transmis sans frais par le greffier de la Justice de paix au greffier de la Cour de cassation. La Chambre civile de cette Cour statue directement sur le pourvoi.

Tous les actes sont dispensés du timbre et enregistrés gratis.

Art. 7. — *Dans les trois premiers jour de chaque année, les Sociétés de secours mutuels doivent adresser, par l'intermédiaire des préfets, au ministre de l'Intérieur, et dans les formes qui seront déterminées par lui, la statistique de leur effectif, du nombre et de la nature des cas de maladie de leurs membres, telle qu'elle est prescrite par la loi du 30 novembre 1892.*

Art. 8. — *Il peut être établi entre les Sociétés de secours mutuels, en conservant d'ailleurs à chacune d'elles son autonomie, des Unions, ayant pour objet, notamment :*

a) L'organisation, en faveur des membres participants, des soins et secours énumérés dans l'article premier, notamment la création de pharmacies, dans les conditions déterminées par les lois spéciales sur la matière ;

b) L'admission des membres participants qui ont changé de résidence ;

c) Le règlement de leurs pensions viagères de retraite ;

d) L'organisation d'assurances mutuelles pour les risques divers auxquels les Sociétés se sont engagées à pourvoir, notamment la création de caisses de retraites et d'assurances communes à plusieurs Sociétés pour les opérations à long terme et les maladies de longue durée ;

e) Le service des placements gratuits.

Art. 9. — *Les Sociétés de secours mutuels sont admises à contracter des assurances, soit en cas de décès, soit en cas d'accidents, aux caisses d'assurances instituées par la loi du 11 juillet 1868, en se conformant aux prescriptions des articles 7 et 15 de ladite loi.*

Ces assurances peuvent se cumuler avec les assurances individuelles.

Art. 10. — *Il est accordé aux Sociétés de secours*

✱✱✱

mutuels remise des deux tiers des droits sur les convois dont elles peuvent avoir à supporter les frais aux termes de leurs statuts.

Art. 11. — *En cas d'infraction aux dispositions de la présente loi, et un mois après l'avertissement donné par le préfet du département, les administrateurs sont poursuivis devant le Tribunal de simple police et passibles d'une amende de 1 à 15 francs inclusivement.*

Si une Société est détournée de son but de Société de secours mutuels, et si, trois mois après un avertissement donné par arrêté du préfet du département, cette Société persiste à ne pas se conformer aux prescriptions de la présente loi ou aux dispositions de ses statuts, la dissolution peut être prononcée par le Tribunal civil de l'arrondissement.

Le ministère public introduit l'action en dissolution par un mémoire présenté au président du Tribunal énonçant les faits et accompagné des pièces justificatives; ce mémoire est notifié au président de la Société avec assignation à jour fixe.

Le Tribunal juge en audience publique, sur les réquisitions du procureur de la République, le président de la Société entendu ou régulièrement appelé.

Le jugement est susceptible d'appel.

L'assistance de l'avoué n'est obligatoire ni en première instance ni en appel.

En cas de fausse déclaration, faite de mauvaise foi, ou de toutes autres manœuvres tendant à dissimuler, sous le nom de Sociétés de secours mutuels, des Associations ayant un autre objet, les juges de répression ont la faculté de prononcer la dissolution, à la requête du ministère public. Les administrateurs sont passibles d'une amende de 16 à 500 francs.

Art. 12. — *La dissolution volontaire d'une Société de secours mutuels ne peut être prononcée que dans une Assemblée convoquée à cet effet, par un avis indiquant l'objet de la réunion, et à la condition de réunir à la fois une majorité des deux tiers des membres présents et la majorité des membres inscrits.*

En cas de dissolution par les Tribunaux, le jugement

désigne un administrateur chargé de procéder à la liquidation définitive.

Aucun encaissement de cotisations autres que celles échues au jour de la liquidation ne peut plus être effectué.

Communication est faite à l'administrateur des livres, registres, procès-verbaux et pièces de toute nature : la communication a lieu sans déplacement, sauf le cas où le Tribunal en aurait ordonné autrement.

La liquidation s'opère conformément aux statuts ; elle est homologuée sans frais par le Tribunal, à la diligence du procureur de la République.

Art. 13. — *Les secours, pensions, contrats d'assurances, livrets, et généralement toutes sommes et tous titres à remettre par les Sociétés de secours mutuels à leurs membres participants sont incessibles et insaisissables jusqu'à concurrence de 360 francs par an pour les rentes et de 3,000 francs pour les capitaux assurés.*

Art. 14. — *Toutes les contestations, soit entre les Sociétés de secours mutuels, soit entre celles-ci et les Unions, soit entre les Sociétés ou Unions et leurs membres, concernant l'interprétation ou l'application des clauses de leurs statuts ou règlements sont soumises à des Tribunaux mutualistes d'arbitrage.*

Ces Tribunaux sont composés de membres élus par les mutualistes et dont les fonctions sont gratuites.

Leurs décisions sont en dernier ressort, dans les litiges portant sur des sommes inférieures à 300 francs.

Au-dessus de ce chiffre, appel peut être interjeté devant le Conseil supérieur des Sociétés de secours mutuels.

Un règlement d'administration publique déterminera le nombre, le siège, l'organisation des Tribunaux d'arbitrage, le mode d'élection de leurs membres, la procédure à suivre devant ces Tribunaux et devant le Conseil supérieur des Sociétés de secours mutuels.

Art. 15. — *Les Sociétés de secours mutuels ayant satisfait aux prescriptions des articles précédents ont le droit d'ester en justice, tant en demandant qu'en défen-*

dant, par le président ou par le délégué ayant mandat spécial à cet effet, et peuvent obtenir l'assistance judiciaire aux conditions imposées par la loi du 22 janvier 1851.

Art. 16. — *Les Sociétés de secours mutuels se divisent en trois catégories :*
1° Les Sociétés libres ;
2° Les Sociétés approuvées ;
3° Les Sociétés reconnues comme établissements d'utilité publique.

TITRE II

Des Sociétés libres.

Art. 17. — *Les Sociétés libres et Unions libres de Sociétés peuvent recevoir et employer les sommes provenant des cotisations des membres honoraires et participants ; elles peuvent posséder des objets mobiliers, prendre des immeubles à bail pour l'installation de leurs divers services.*

Elles peuvent, avec l'autorisation du préfet, recevoir des dons et legs mobiliers.

Toutefois, si la libéralité est faite à une Société dont la circonscription comprend des communes situées dans des départements différents, il est statué par un décret. S'il y a réclamation des héritiers du testateur, il est statué par un décret, le Conseil d'Etat entendu.

Lorsque l'emploi des dons et legs n'est pas déterminé par le donateur ou testateur, cet emploi sera prescrit par l'arrêté ou le décret d'autorisation, en exécution de l'article 4 de l'ordonnance du 2 avril 1817.

Les Sociétés de secours mutuels libres peuvent, en outre, posséder et acquérir des immeubles, jusqu'à concurrence des trois quarts de leur avoir, les vendre et les échanger.

Pour être valables, ces opérations doivent être votées à la majorité des trois quarts des voix, par une Assemblée générale extraordinaire composée au moins de la moitié des membres de la Société présents ou représentés.

Les Sociétés de secours mutuels libres peuvent concourir à l'acquisition ou la construction des habitations à bon marché, dans la proportion du cinquième de leur avoir et suivant les modes autorisés pour les Caisses d'épargne par l'article 10 de la loi du 20 juillet 1895.

Elles peuvent recevoir des dons et legs immobiliers, à condition d'obtenir l'autorisation mentionnée au paragraphe 3 ci-dessus.

TITRE III

Des Sociétés approuvées.

Art. 18. — *Les Sociétés de secours mutuels et les Unions de Sociétés prévues à l'article 8 qui ont fait approuver leurs statuts par arrêté ministériel ont tous les droits accordés aux Sociétés libres et Unions de Sociétés libres, et jouissent en outre des avantages concédés par les articles suivants.*

L'approbation ne peut être refusée que dans les deux cas suivants :

1° Pour non-conformité des statuts avec les dispositions de la loi;

2° Si les statuts ne prévoient pas des recettes proportionnées aux dépenses pour la constitution des retraites garanties ou des assurances en cas de vie, de décès **ou** *d'accident.*

L'approbation ou le refus d'approbation doit avoir lieu dans le délai de trois mois. Le refus d'approbation doit être motivé par une infraction aux lois, et notamment aux dispositions du paragraphe 4 du présent article.

En cas de refus d'approbation, un recours peut être formé devant le Conseil d'Etat. Ce recours est dispensé de tout droit; il peut être formé sans ministère d'avocat.

Tout changement dans les statuts d'une Société approuvée doit être l'objet d'une nouvelle demande d'approbation, et aucune modification statutaire ne peut être mise à exécution si elle n'a pas été préalablement approuvée.

Il est procédé, pour les changements dans les statuts, comme en matière de statuts primitifs, pour tout ce qui concerne les dépôts, les délais et les rcours.

Art. 19. — *Les communes sont tenues de mettre gratuitement à la disposition des Sociétés de secours mutuels et des Unions approuvées qui le demandent, des locaux convenablement aménagés dans les immeubles communaux, pour leurs réunions statutaires. Les communes supportent également, sans recours contre les Sociétés, les frais accessoires, notamment les frais d'éclairage et de chauffage des locaux où ont lieu ces réunions.*

Lorsque le maire refuse de satisfaire à la demande de la Société ou qu'il reste un mois sans lui répondre, le préfet nomme, par application de l'article 85 de la loi du 5 avril 1884, un délégué spécial chargé d'assurer l'application des prescriptions ci-dessus. Cette nomination a lieu dans les quinze jours du dépôt de la plainte formée par la Société.

Les communes sont tenues de fournir aux Sociétés de secours mutuels et aux Unions les registres et livrets nécessaires à leur administration et à leur comptabilité.

En cas de refus par une commune d'acquitter ces dépenses, le préfet les inscrit d'office dans le délai de deux mois à partir de la demande de la Société, au budget de la commune. En cas de refus du préfet, ou faute par lui de statuer dans le délai de deux mois, la Société a le droit de recourir au Conseil d'Etat, statuant au contentieux. La requête est dispensée de tous frais ; la décision du Conseil d'Etat doit être rendue dans le délai de trois mois à dater de l'enregistrement du recours. La commune qui succombe peut être condamnée à des dommages-intérêts envers la Société.

En cas d'insuffisance des ressources des communes, les dépenses mises à leur charge par ces dispositions sont obligatoires pour les départements.

L'inscription d'office au budget départemental a lieu par décret, dans les délais et sauf les recours ci-dessus spécifiés.

Dans le cas où la Société ou l'Union approuvée s'étend sur plusieurs communes ou sur plusieurs départements, cette obligation incombe d'abord à la commune dans laquelle est établi le siège social, ensuite au département auquel appartient cette commune.

Si la Société ou l'Union approuvée est divisée en sections, les dépenses incombent à la commune, ou, à son défaut, au département où est établi le siège de la section.

Art. 20. — *Tous les actes intéressant les Sociétés de secours mutuels sont exempts des droits de timbre et d'enregistrement.*

Sont également exempts du droit de timbre de quittance les reçus de cotisations des membres honoraires ou participants, ainsi que les registres à souches qui servent au paiement des journées de maladies.

Cette disposition n'est pas applicable aux transmissions de propriété, d'usufruit ou de jouissance de biens, meubles et immeubles, soit entre vifs, soit par décès.

La correspondance entre les présidents de Sociétés de secours mutuels ou Unions et les maires des communes où est établi leur siège social a lieu en franchise. Il en est de même de la correspondance de ces présidents avec le directeur général de la Caisse des dépôts et consignations.

Les Sociétés de secours mutuels peuvent organiser, sans autorisation préalable, des loteries composées exclusivement d'objets mobiliers, prévues par l'article 5 de la loi du 21 mai 1836.

Conformément aux articles 19 de la loi du 11 juillet 1868 et 24 de la loi du 20 juillet 1886, les certificats, actes de notoriété et autres pièces exclusivement relatives à l'exécution des lois précitées et de la présente loi sont délivrés gratuitement et exempts des droits de timbre et d'enregistrement.

Art. 21. — *Les placements des Sociétés de secours mutuels et des Unions de Sociétés doivent être effectués en dépôts aux Caisses d'épargne ou à la Caisse des dépôts et consignations, en rentes sur l'Etat, bons du*

Trésor ou autres valeurs créées ou garanties par l'Etat, en obligations des départements, des communes, du Crédit Foncier de France ou des Compagnies françaises de chemins de fer qui ont une garantie d'intérêt de l'Etat.

Les Sociétés de secours mutuels et Unions de Sociétés peuvent, en outre, placer au maximum les trois quarts de leur avoir :

1° En immeubles situés sur le territoire français. Toutefois, les Sociétés constituées en Algérie, dans les colonies ou dans les pays de protectorat, ont le droit de faire des placements en immeubles situés dans les territoires respectifs où elles ont leur siège ;

2° En hypothèques de premier rang sur les dits immeubles, jusqu'à concurrence de la moitié de leur valeur.

Sous peine de nullité, les prêts hypothécaires, les achats, ventes et échanges d'immeubles doivent être approuvés, à la majorité des trois quarts des voix, par une Assemblée générale extraordinaire composée au moins de la moitié des membres de la Société ou Union, présents ou représentés.

Les titres et valeurs au porteur appartenant aux Sociétés de secours mutuels et Unions de Sociétés sont déposés à la Caisse des dépôts et consignations, qui est chargée de l'encaissement des arrérages, coupons et primes de remboursement de ces titres, et en porte le montant au compte de dépôt de chaque Société.

ART. 22. — *Les Sociétés de secours mutuels et les Unions de Sociétés sont admises à verser des capitaux à la Caisse des dépôts et consignations pour former et alimenter un ou plusieurs des comptes suivants :*

1° *Un compte courant disponible ;*

2° *Un fonds commun de retraites ;*

3° *Un fonds de réserve inaliénable.*

Les statuts de chaque Société ou Union déterminent :

1° *Si les comptes seront créés, et, dans l'affirmative, par quelle catégorie de ressources ils seront alimentés ;*

2° *L'emploi du fonds commun de retraites dans les limites fixées par les articles 21 à 24 ;*

3° *La destination attribuée au fonds de réserve.*

Le fonds de réserve est inaliénable pendant toute la durée de la Société ou de l'Union à laquelle il appartient. Toutefois, dans des cas exceptionnels, il peut subir des prélèvements approuvés par une Assemblée générale extraordinaire opérant dans des conditions prévues au paragraphe 5 de l'article 19, et autorisés par un décret rendu en Conseil d'Etat.

Le fonds commun inaliénable visé par le paragraphe 3 de l'article 21 de la loi du 1ᵉʳ avril 1898 est intégralement versé au fonds de réserve.

Le compte courant disponible, le fonds commun de retraites et le fonds de réserve inaliénable portent intérêt au taux de 4 1/2 %. La différence entre ce taux fixe et celui qui est déterminé par décret au commencement de chaque année pour les placements effectués à la Caisse des dépôts et consignations, conformément aux dispositions de la loi de finances du 31 mars 1903, est comblée au moyen d'un crédit inscrit au budget du Ministère de l'Intérieur.

L'Assemblée générale annuelle, lors de l'approbation des comptes, détermine l'emploi du reliquat disponible des intérêts de chacun des fonds ci-dessus.

Les intérêts du fonds de retraites restent affectés à ce service, les intérêts des deux autres comptes sont capitalisés si ni les statuts, ni l'Assemblée générale ne leur attribuent une autre destination.

La Caisse des dépôts et consignations a la faculté de faire emploi des fonds versés aux comptes ci-dessus désignés dans les mêmes conditions que pour les Caisses d'épargne. Elle peut, en outre, avec les capitaux du fonds commun, faire des prêts aux départements, aux communes et aux Chambres de commerce.

Art. 23. — *Le fonds commun de retraites est exclusivement affecté au service des pensions, qui peuvent être constituées sous trois formes différentes :*
1° *Retraites garanties ;*
2° *Retraites éventuelles ;*
3° *Allocations annuelles renouvelables.*

Art. 24. — *Les retraites garanties sont constituées à*

capital aliéné ou à capital réservé au profit du sociétaire, sur livret individuel appartenant en toute propriété à son titulaire. Ce livret peut être délivré soit par la Caisse nationale des retraites pour la vieillesse, soit directement par une Société ou Union.

Pour constituer des retraites garanties par la Société ou l'Union, soit à capital aliéné, soit à capital réservé au profit du sociétaire, au moyen de livrets délivrés directement par elle, la Société ou l'Union doit se conformer aux prescriptions suivantes :

1° Compter au moins mille participants titulaires de livrets, ou justifier de ressources suffisantes pour garantir le service des pensions.

Un décret rendu sur l'avis du Conseil supérieur, prévu par l'article 38, déterminera la nature et l'importance de ces ressources ;

2° Préciser dans les statuts les ressources destinées à alimenter les livrets, notamment la cotisation spéciale ou la portion de la cotisation unique affectée à ce service ;

3° Indiquer sur chaque livret la date exacte d'entrée en jouissance et les époques de paiement des arrérages de la pension ;

4° Faire figurer, en face de chaque versement effectué sur le livret, le montant de la fraction de pension correspondante, qui est définitivement acquise ;

5° Posséder toujours à son fonds commun de retraites une somme au moins suffisante pour équivaloir au total des pensions acquises à l'ensemble des sociétaires et justifier, tous les cinq ans, de cette équivalence, en produisant au ministre de l'Intérieur l'état estimatif de toutes les pensions en cours de service ou en formation, suivant les modèles et barèmes qui leur sont fournis au moins un an auparavant.

Si les prescriptions des paragraphes 1° ou 5° cessent d'être observées, pour une cause quelconque, la Société ou l'Union est tenue de cesser aussitôt la délivrance de nouveaux livrets, et de remplacer ceux antérieurement délivrés par des livrets de la Caisse nationale des retraites pour la vieillesse portant même jouissance et même pension acquise. Les versements nécessaires pour obtenir ces livrets doivent être prélevés sur l'ensemble des ressources sociales, y compris, en cas de besoin, le fonds de réserve inaliénable. Si ces ressources étaient insuffisantes, la répartition entre les ayants droit se ferait au prorata de la valeur des droits de chacun, estimés d'après les barèmes visés ci-dessus (§ 5°).

Pour constituer des retraites garanties par l'Etat, au moyen de livrets de la Caisse nationale des retraites pour la vieillesse, la Société ou l'Union doit indiquer, dans ses statuts, les ressources destinées à alimenter ces livrets.

Les sommes versées par les Sociétés ou Unions sur livrets individuels à la Caisse nationale des retraites pour la vieillesse portent, dès leur versement, intérêt au taux de 4 1/2 %. Le capital représentatif de la différence entre les rentes calculées à ce taux et celles qui sont obtenues au taux annuellement déterminé par décret pour le service des pensions ordinaires de la Caisse nationale des retraites pour la vieillesse est prélevé au fur et à mesure du dépôt des sommes versées par les Sociétés ou Unions, sur un crédit ouvert chaque année au budget du Ministère de l'Intérieur.

Art. 25. — *Les retraites éventuelles sont constituées à capital réservé au profit de la Société ou de l'Union. Elles sont servies par la Société ou l'Union à l'aide des intérêts du fonds de réserve inaliénable, ou par l'intermédiaire de la Caisse nationale des retraites pour la vieillesse, au taux fixe de 4 1/2 %. La différence entre ce taux et celui qui est déterminé annuellement par décret, pour le service des autres rentes de la Caisse nationale des retraites pour la vieillesse, est comblée au moyen d'un crédit inscrit, chaque année, au budget du Ministère de l'Intérieur.*

Les retraites éventuelles sont attribuées, par l'Assemblée générale, dans les conditions fixées par les statuts, à des membres participants âgés au moins de cinquante ans et ayant acquitté la cotisation sociale au moins pendant quinze ans.

Art. 26. — *Les titulaires des allocations renouvelables sont désignés, et le montant de ces allocations est fixé, chaque année, par l'Assemblée générale, dans les conditions prévues par les statuts.*

Art. 27. — *La Société ou l'Union qui veut faire directement des assurances en cas de vie, de décès ou d'accidents doit se conformer aux prescriptions suivantes :*

1° Compter au moins mille membres assurés, s'il s'agit d'opérations en cas de vie, et trois mille, s'il s'agit d'opérations en cas de décès ou d'accidents, ou justifier de ressources suffisantes pour garantir le paiement de ces assurances.

Un décret rendu sur l'avis du Conseil supérieur, prévu par l'article 38, déterminera la nature et l'importance de ces ressources;

2° Préciser dans les statuts les indemnités auxquelles auront droit les participants ou leurs héritiers, les conditions à remplir pour entrer en possession de ces indemnités, et le taux de la cotisation spéciale ou de la portion de la cotisation unique correspondant à chacune des catégories prévues;

3° Posséder toujours une réserve égale à la différence entre la valeur actuelle des indemnités à payer et celle des cotisations ou portions de cotisations à recevoir pour l'ensemble des participants. L'exactitude de cette réserve doit être justifiée tous les cinq ans par la production d'un état estimatif remis au ministre de l'Intérieur et établi suivant les modèles et barèmes qui sont fournis par lui, au moins un an auparavant.

Lorsqu'elles sont pratiquées par une même Société ou Union, les assurances en cas de vie, de décès ou d'accidents donnent lieu à l'établissement de réserves entièrement distinctes.

La justification prévue au paragraphe 3 du présent article n'est pas exigée des Sociétés ou Unions dont les opérations sont de nature telle qu'elles ne donnent pas lieu à l'établissement de réserves, parce que les valeurs actuelles des indemnités et des cotisations sont toujours équivalentes, notamment des Sociétés mutualistes dites du « Franc au Décès ».

Art. 28. — *Dans aucun cas les pensions de retraite garanties, soit par la Société ou l'Union, soit par l'État, les pensions éventuelles, les allocations renouvelables et les capitaux assurés en cas de vie ne peuvent être acquis aux participants âgés de moins de cinquante ans, ni à ceux qui ont acquitté la cotisation sociale pendant moins de quinze ans.*

Toutefois, les statuts peuvent décider que des allocations renouvelables seront attribuées, sans limite d'âge, aux membres participants atteints d'infirmité prématurée, après avoir acquitté la cotisation sociale pendant un nombre minimum d'années, qui ne peut être inférieur à cinq ans.

Art. 29. — *Les arrérages des dotations et les subventions annuellement inscrites au budget du Ministère de l'Intérieur au profit des Sociétés de secours mutuels sont employés à accorder à ces Sociétés ou Unions de Sociétés des allocations :*

1° Pour encourager la formation des pensions de retraites ;

2° Pour bonifier les pensions liquidées, et dont le montant, y compris la subvention de l'État, n'est pas supérieur à 360 francs ;

3° Pour donner, en raison du nombre de leurs membres, des subventions aux Sociétés qui ne constituent pas de retraites.

Pour chacune de ces affectations, la répartition du crédit a lieu dans les proportions et suivant les barèmes arrêtés par le ministre de l'Intérieur, après avis du Conseil supérieur, prévu par l'article 38.

Il est, préalablement à toute répartition, opéré chaque année sur les dotations et subventions un prélèvement déterminé par le Conseil supérieur, qui ne peut dépasser 5 % de l'actif total, pour venir en aide aux Sociétés de secours mutuels qui, par suite d'épidémies ou de toute autre cause de force majeure, seraient momentanément hors d'état de remplir leurs engagements.

Les subventions de l'État en vue de la retraite par livret individuel profitent aux étrangers, lorsque leur pays d'origine a garanti par un traité des avantages équivalents à nos nationaux.

Les pensions allouées sur le fonds commun ne peuvent être servies aux étrangers que dans le cas où ils résident en territoire français.

Art. 30. — *Les départements et les communes concourent à l'organisation du service des retraites faites à l'aide du fonds commun ou du livret individuel par des subventions, sur des bases et d'après les proportions arrêtées par des barèmes qui sont établis par décret, après avis du Conseil supérieur.*

Il est tenu compte, dans l'établissement de ces barèmes :

1° De la valeur du centime départemental et communal ;

2° Du nombre des membres des Sociétés ou Unions ;

3° De l'importance des cotisations spéciales versées en vue de la retraite.

La part mise à la charge des **départements et des communes** *ne peut, en aucun cas, excéder le montant de la subvention de l'Etat.*

Art. 31. — *Un règlement d'administration publique déterminera d'une manière générale toutes les mesures d'application destinées à assurer l'exécution de la loi, et notamment celles prévues à l'article 14, en ce qui concerne les Tribunaux d'arbitrage.*

Art. 32. — *Les Sociétés de secours mutuels* **approuvées** *dont les statuts accordent à leurs membres des indemnités quotidiennes supérieures à 5 francs, des allocations annuelles ou des pensions supérieures à 360 francs et des capitaux en cas de vie ou de décès supérieurs à 3,000 francs, ne participent pas aux subventions de l'Etat, et ne bénéficient ni du taux spécial d'intérêt, ni des avantages accordés par la présente loi sous forme de remise de droits d'enregistrement et de frais de justice.*

Toutefois les Sociétés approuvées peuvent ouvrir au profit de tout ou partie de leurs membres un compte alimenté par des versements spéciaux en vue de leur assurer soit une pension supérieure à 360 francs, soit des capitaux en cas de vie ou de décès supérieurs à 3,000 francs.

Les fonds provenant de ces versements font l'objet

d'une comptabilité distincte et ne bénéficient ni des subventions, ni des majorations d'intérêt données par l'Etat.

Les sociétaires qui s'affilient à plusieurs Sociétés en vue de se constituer des indemnités, des pensions ou des capitaux supérieurs aux maxima prévus par le paragraphe premier du présent article ne peuvent obtenir, quels qu'aient été leurs versements, une indemnité, une pension ou des capitaux dépassant ces maxima.

ART. 33. — Dans les trois premiers mois de chaque année, les Sociétés de secours mutuels approuvées doivent adresser au ministre de l'Intérieur, par l'intermédiaire des préfets et dans les formes prescrites, indépendamment de la statistique exigée par l'article 7, le compte rendu de leur situation morale et financière.

Elles sont tenues de communiquer leurs livres, registres, procès-verbaux et pièces comptables de toute nature aux préfets, sous-préfets ou à leurs délégués. Cette communication a lieu sans déplacement, sauf le cas où il en serait autrement ordonné par arrêté du préfet.

Les infractions aux prescriptions du paragraphe 2 du présent article sont punies conformément aux prescriptions du paragraphe premier de l'article 11.

La Caisse des dépôts et consignations est tenue d'envoyer, dans le courant du premier trimestre de chaque année, aux présidents des Sociétés de secours mutuels ayant constitué des pensions de retraites en faveur de leurs membres participants, la liste des retraités qui, dans l'année précédente, n'ont pas touché leurs arrérages.

ART. 34. — Dans le cas d'inexécution des statuts ou de violation des dispositions de la présente loi, l'approbation peut être retirée par un décret rendu en Conseil d'Etat, sur la proposition motivée du ministre de l'Intérieur et après avis du Conseil supérieur des Sociétés de secours mutuels, lequel est convoqué dans le plus bref délai.

La décision portant retrait de l'approbation est susceptible d'un recours au contentieux devant le Conseil d'Etat, sans ministère d'avocat et avec dispense de tous droits.

Art. 35. — *Lorsque la dissolution d'une Société approuvée est votée par l'Assemblée générale conformément aux statuts, ou ordonnée par le Tribunal, la liquidation est poursuivie sous la surveillance du préfet ou de son délégué.*

Il est prélevé sur l'actif social, y compris le fonds de réserve déposé à la Caisse des dépôts et consignations, et dans l'ordre suivant :

1° Le montant des engagements contractés vis-à-vis des tiers ;

2° Les sommes nécessaires pour remplir les engagements contractés vis-à-vis des membres participants, notamment en ce qui concerne les pensions viagères et les assurances en cas de vie, de décès ou d'accident ;

3° a) Une somme égale au montant des subventions et secours accordés depuis l'origine de la Société par l'Etat, sur les fonds de la dotation ou autres, pour être, la dite somme, versée au compte de la dotation des Sociétés de secours mutuels ;

b) Des sommes égales au montant des subventions et secours accordés depuis l'origine de la Société par les départements et les communes, pour être, les dites sommes, réintégrées dans leurs caisses ;

c) Des sommes égales au montant des dons et legs faits pour être employés conformément aux volontés des donateurs et testateurs, s'ils ont prévu le cas de liquidation, ou, si leur volonté n'a pas été exprimée, pour être ajoutées au compte de dotation des Sociétés de secours mutuels.

Si, après paiement des engagements contractés vis-à-vis des tiers et des sociétaires, il ne reste pas de fonds suffisants pour le plein des prélèvements prévus au paragraphe 3 ci-dessus, ces prélèvements auront lieu au marc le franc des versements faits respectivement par l'Etat, les départements, les communes, les particuliers.

Le surplus de l'actif social sera, s'il y a lieu, réparti entre les membres participants appartenant à la Société au jour de la dissolution et non pourvus d'une pension, au prorata des versements opérés par chacun d'eux depuis leur entrée dans la Société, sans qu'ils puissent recevoir une somme supérieure à leur contribution personnelle. Le reliqual sera attribué au fonds de dotation.

TITRE IV

Des Sociétés reconnues comme établissements d'utilité publique.

Art. 36. — *Les Sociétés de secours mutuels et les Unions sont reconnues comme établissements d'utilité publique par décret rendu dans la forme des règlements d'administration publique.*

La demande est adressée au préfet avec les pièces suivantes : la liste nominative des personnes qui y ont adhéré et trois exemplaires des projets de statuts et du règlement intérieur.

Art. 37. — *Les Sociétés de secours mutuels reconnues comme établissements d'utilité publique jouissent des avantages accordés aux Sociétés approuvées.*

Elles peuvent, en outre, posséder et acquérir, vendre et échanger des immeubles dans les conditions déterminées par le décret déclarant l'utilité publique.

Elles sont soumises aux dispositions de l'article 11.

TITRE V

Conseil supérieur de la Mutualité.

Art. 38. — *Il est institué près le ministre de l'Intérieur un Conseil supérieur de la mutualité. Ce Conseil est composé de quarante-huit membres, savoir :*

Deux sénateurs élus par leurs collègues ;
Deux députés élus par leurs collègues ;
Deux conseillers d'Etat élus par leurs collègues ;
Un délégué du ministre de l'Intérieur ;
Un délégué du ministre de l'Agriculture ;
Un délégué du ministre du Commerce ;
Un délégué du ministre des Travaux publics ;
Un délégué du ministre de l'Instruction publique ;

Un délégué du ministre de la Guerre ;
Un délégué du ministre de la Marine ;
Un délégué du ministre des Colonies ;
Le directeur général de la comptabilité au Ministère des Finances ;
Le directeur du mouvement général des fonds au même Ministère ;
Le directeur général de la Caisse des dépôts et consignations ;
Un membre de l'Académie des sciences morales et politiques, désigné par l'Académie ;
Un membre du Conseil supérieur du travail, nommé par ses collègues ;
Deux membres agrégés de l'Institut des actuaires français, désignés par leurs collègues ;
Un membre de l'Académie de médecine, désigné par l'Académie ;
Un représentant des Syndicats médicaux et un représentant des Syndicats pharmaceutiques, élus par les délégués de ces Syndicats dans les formes qui seront déterminées par un règlement d'administration publique ;
Vingt-quatre représentants de Sociétés de secours mutuels, dont huit appartenant aux Sociétés libres et seize aux Sociétés approuvées, élus par les délégués des Sociétés dans les formes qui seront déterminées par un règlement d'administration publique.

Chaque représentant des Sociétés est élu au scrutin secret par un collège comprenant un certain nombre de départements.

Cette division est faite par le règlement d'administration publique à intervenir, de telle sorte que chaque collège comprenne un nombre à peu près égal de mutualistes.

Le Conseil supérieur est nommé pour quatre ans ; les pouvoirs de ses membres sont renouvelables ; leurs fonctions sont gratuites.

Le ministre de l'Intérieur est président de droit du Conseil supérieur des Sociétés de secours mutuels.

Le Conseil choisit parmi ses membres deux vice-présidents et un secrétaire. Il est convoqué par le ministre compétent au moins une fois tous les six mois et toutes les fois que cela lui paraît nécessaire.

Il reçoit communication des états statistiques et des comptes rendus de la situation financière fournis par les Sociétés de secours mutuels, ainsi que des inventaires au moins quinquennaux et des autres documents fournis par les Sociétés de secours mutuels, en exécution des articles 8, 22 et 28 ci-dessus.

Il donne son avis sur toutes les dispositions réglementaires ou autres qui concernent le fonctionnement des Sociétés de secours mutuels, et notamment sur le mode de répartition des subventions et secours, qui seront attribués sur les mêmes bases et dans les mêmes proportions pour les retraites constituées soit à l'aide du fonds commun, soit à l'aide de livrets individuels.

Les dispositions précédentes relatives à la composition du Conseil supérieur ne seront applicables, une fois la loi votée, qu'à l'expiration du mandat du Conseil en fonctions.

Un crédit spécial sera inscrit au budget du Ministère de l'Intérieur pour assurer le fonctionnement du Conseil supérieur.

ART. 39. — *Sept membres, nommés par le ministre, dont quatre pris parmi ceux qui sont élus par les Sociétés de secours mutuels, constituent une section permanente.*

La section permanente a pour fonction de donner son avis sur toutes les questions qui lui sont renvoyées soit par le Conseil supérieur, soit par le ministre.

Le ministre de l'Intérieur soumet chaque année au Président de la République un rapport, qui est présenté au Sénat et à la Chambre des députés, sur les opérations des Sociétés de secours mutuels et sur les travaux du Conseil supérieur.

TITRE VI

Dispositions diverses ou transitoires.

ART. 40. — *Les tables de mortalité et de morbidité prévues à l'article 36 de la loi du 1er avril 1898 seront revisées tous les cinq ans.*

Un crédit spécial sera inscrit à cet effet, tous les cinq ans, au budget du Ministère de l'Intérieur.

Art. 41. — *Les articles 14, 18, 19 et 21 de la présente loi, à l'exception, pour ce dernier, de ce qui concerne le fonds commun, s'appliquent aux Sociétés régulièrement constituées, en conformité du titre III de la loi du 29 juin 1894, dont l'article 20 est abrogé.*

Art. 42. — *Le décret-loi du 27 mars 1858 est ainsi modifié :*

« *Les personnes auxquelles le Gouvernement de la République aura accordé des médailles d'honneur, en leur qualité de membres d'une Société de secours mutuels, pourront porter publiquement ces récompenses.*

« *Les récompenses mutualistes sont réservées exclusivement aux membres des Sociétés de secours mutuels libres et approuvées.* »

Art. 43. — *Les Syndicats professionnels constitués légalement aux termes de la loi du 21 mars 1884, qui ont prévu dans leurs Statuts les secours mutuels entre les membres adhérents, bénéficieront des avantages de la présente loi, à la condition de se conformer à ses prescriptions.*

Art. 44. — *Des règlements d'administration publique détermineront les conditions spéciales d'application de la présente loi à l'Algérie et aux colonies.*

Art. 45. — *Toutes les dispositions contraires à la présente loi sont abrogées.*

La présente loi, délibérée et adoptée par le Sénat et par la Chambre des députés, sera exécutée comme loi de l'Etat.

1122. — Bordeaux. — Imp. de l'*Avenir de la Mutualité*.

www.ingramcontent.com/pod-product-compliance
Lightning Source LLC
Chambersburg PA
CBHW060502200326
41520CB00017B/4889